# CONTRAT

ENTRE LA

## SOCIÉTÉ POUR LE COMMERCE DES COMBUSTIBLES

DU BASSIN DU DONETZ

ET LES

## SOCIÉTÉS ADHÉRENTES

(Texte provisoire adopté dans la réunion du 27 Juin/10 Juillet 1908.)

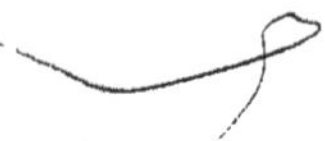

PARIS

IMPRIMERIE ET LIBRAIRIE CENTRALES DES CHEMINS DE FER

**IMPRIMERIE CHAIX**

SOCIÉTÉ ANONYME AU CAPITAL DE TROIS MILLIONS

Rue Bergère, 20

1908 .

# CONTRAT

ENTRE LA

## SOCIÉTÉ POUR LE COMMERCE DES COMBUSTIBLES

DU BASSIN DU DONETZ

ET LES

## SOCIÉTÉS ADHÉRENTES

---

(Texte provisoire adopté dans la réunion du 27 Juin/10 Juillet 1908.)

PARIS

IMPRIMERIE ET LIBRAIRIE CENTRALES DES CHEMINS DE FER

**IMPRIMERIE CHAIX**

SOCIÉTÉ ANONYME AU CAPITAL DE TROIS MILLIONS

Rue Bergère, 20

1908

# CONTRAT

ENTRE LA

## SOCIÉTÉ POUR LE COMMERCE DES COMBUSTIBLES

DU BASSIN DU DONETZ

ET LES

## SOCIÉTÉS ADHÉRENTES

L'an 190  , le————————————————————, *la Société pour le commerce des combustibles du bassin du Donetz*, ci-après dénommée *la Société*

d'une part,

et *la Société*

.......................................................................................................................................................................................

.......................................................................................................................................................................................

.......................................................................................................................................................................................

ci-après dénommée *le Contractant*

d'autre part,

ont conclu entre elles le présent contrat aux conditions ci-après.

### ARTICLE PREMIER.

Le Contractant abandonne à la Société, qui l'accepte, le droit exclusif de vente, au comptant ou à crédit, de tout combustible minéral (sauf l'exception prévue à l'art. 5) provenant de toutes les mines exploitées par le Contractant ou qui viendraient à être exploitées par lui pendant la durée du présent contrat.

Cession par le Contractant à la Société du droit exclusif de vente.

En conséquence, le Contractant s'interdit d'effectuer, en dehors de la Société, soit directement, soit par l'intermédiaire de tierces personnes, quelles qu'elles soient, Sociétés, établissements ou autres, aucune vente de combustible minéral extrait ou fabriqué par lui.

Au cas où le Contractant viendrait à vendre, louer ou céder les propriétés possédées par lui, les mines ou gisements de charbon qui s'y trouvent, les concessions ou droits d'exploitation lui appartenant, il devra imposer à son acquéreur ou locataire l'obligation de vendre par l'intermédiaire de la Société tout le combustible minéral qui en sera extrait, et cela aux mêmes conditions que les siennes propres stipulées au présent contrat. Les quantités ainsi vendues viendront en déduction du quantum du contractant.

Au cas où l'acquéreur, locataire ou sous-locataire, viendrait à vendre le combustible extrait autrement que par l'intermédiaire de la Société et aux conditions du présent contrat, le Contractant sera passible de la pénalité de 10 copecks par poud ainsi vendu prévue à l'article 35.

**Exception.** Toutefois, le Contractant est autorisé à accepter directement de petites commandes de combustibles jusqu'à concurrence de cinq pour cent de son expédition, sans que l'ensemble des commandes mensuelles puisse dépasser 15.000 pouds, à moins d'une autorisation formelle donnée d'avance par le Conseil d'administration de la Société.

Art. 2.

**Pouvoirs et procurations donnés à la Société.** La Société agira en qualité d'agent général du Contractant.

Le Contractant délègue à la Société, qui les accepte, tous ses droits et pouvoirs vis-à-vis des clients. En particulier, il lui confie le mandat exclusif de passer des contrats de vente et d'encaisser le montant des factures relatives à toutes ses livraisons. Il n'est fait exception que pour les livraisons effectuées en exécution des petites commandes directes prévues à l'article précédent, ainsi que de celles spécifiées à l'article 18, livraisons pour lesquelles les factures seront encaissées par le Contractant. Le Contractant s'engage à donner à la Société et aux personnes qu'elle lui désignera des procurations notariées, avec droit de substitution, leur donnant pouvoir pour, au nom du Contractant ou au nom de la Société, accepter les commandes, conclure les marchés, encaisser les sommes dues, agir en justice, tant en demandant qu'en défendant, transiger en cas de différends, et, d'une façon générale, regler toutes questions avec les acheteurs.

La Société assume l'entière responsabilité des agissements des personnes auxquelles le Contractant, sur ses indications, aura donné procuration.



### Art. 3.

La Société fixera, à son appréciation, les conditions et prix de vente, ainsi que les conditions de paiement des ventes de combustible minéral qu'elle effectuera comme mandataire du Contractant ou en son propre nom. Elle fixera seulement les prix de vente et non les conditions de paiement pour les petites ventes prévues à l'article premier.



### Art. 4.

Au cas où la Société, vu la situation des marchés de vente du combustible minéral, trouverait opportun d'entreprendre l'exportation de ce combustible à l'étranger, elle ne pourra le faire que sur décision de son Conseil prise à la majorité des deux tiers de ses membres.

Toutefois, dans les ports situés hors de la mer Noire, de la mer de Marmara et de la mer Baltique, le Contractant aura le droit de faire de l'exportation en dehors de son quantum ; mais il devra fournir tous documents justificatifs du lieu de destination du combustible exporté.



### Art. 5.

Le charbon vendu sous forme de briquettes ne participera au compte différé (art. 25 et 27) ni comme prélèvement, ni comme répartition ; il entrera seulement dans le quantum (art. 13).

Le Contractant vendra cette sorte de combustible à ses risques et périls ; il en encaissera directement le montant, sauf accord spécial avec la Société.

Toutefois, lorsque le Conseil d'administration de la Société jugera à la majorité des deux tiers de ses membres que la production des briquettes a atteint un chiffre suffisant pour faire naître la concurrence, la vente des briquettes sera effectuée par l'intermédiaire de la Société et fera l'objet d'un compte différé spécial, étant entendu que les marchés passés antérieurement ne participeront pas à ce compte différé.

## Art. 6.

Faculté pour la Société<br>de traiter<br>avec des tiers.

La Société a le droit d'acheter à des tiers du combustible pour le revendre ou de faire avec eux tous autres traités ou conventions qu'elle jugera convenables ; toutefois, ces achats ou traités ne pourront être faits que sur décision des membres du Conseil prise à la majorité des deux tiers de ses membres.

Les contrats d'achat de charbon signés avant la signature du présent contrat par le Contractant avec un exploitant non-Contractant pourront être repris par la Société au Contractant. Toutefois, ce dernier aura le droit de conserver les quantités nécessaires à ses besoins ou indispensables pour compléter son quantum.

Les quantités reprises par la Société n'entreront pas dans le quantum ; celles conservées par le Contractant seront comptées dans le quantum.

Le bénéfice provenant de ces reprises sera partagé également entre la Société et le Contractant qui aura fait apport de ses contrats.

## Art. 7.

Dépôts et agents.

Le Contractant fera remise de ses dépôts à la Société à des conditions qui seront réglées de gré à gré.

La Société se réserve d'ouvrir des dépôts à son nom ou, si elle le juge opportun, d'autoriser un ou plusieurs de ses Contractants à en ouvrir en leur nom personnel, mais à la condition qu'elle en aura le plein contrôle et que les ventes de ces dépôts seront faites aux prix et conditions fixés par la Société.

## Art. 8.

Interdiction de cession<br>des commandes.

Le Contractant n'a pas le droit de céder à d'autres Contractants les commandes et ordres de fournitures qui lui sont transmis par la Société ; il ne peut acheter de combustibles d'aucune nature à des non-Contractants en dehors des cas prévus à l'article 24.

## Art. 9.

Responsabilité<br>du Contractant.

Le Contractant sera entièrement responsable, soit vis-à-vis de la clientèle, soit vis-à-vis de la Société, de la qualité et du poids du combustible livré par lui à la clientèle en exécution des commandes qui lui auront été transmises par la Société, ainsi que des délais de livraison fixés pour les commandes acceptées par lui.

Le Contractant sera responsable vis-à-vis de la Société de la qualité et du poids du combustible livré par lui à la Société elle-même ainsi que des délais de livraison. Un règlement approuvé par le Conseil fixera les conditions et la procédure de réception de ce combustible ainsi que le montant des pénalités.

<h3 align="center">Art. 10.</h3>

Pour tout ce qui concerne l'envoi des duplicata de lettres de voiture, connaissements, factures, et tous autres documents, la Société se réserve le droit, soit de laisser le Contractant effectuer lui-même ces envois aux acheteurs, soit de se substituer partiellement ou entièrement à lui pour la remise de ces pièces.

Dans le premier cas, les originaux seront envoyés par le Contractant aux clients, et les copies à la Société ; dans le second cas, les originaux et les copies seront envoyés à la Société qui fera le nécessaire vis-à-vis des acheteurs.

Le Contractant s'engage à dresser toutes les pièces à remettre aux acheteurs dans la forme et dans les délais qui lui seront indiqués par la Société.

En ce qui concerne les factures et bordereaux récapitulatifs de factures, les délais de remise seront fixés par le Conseil d'administration de la Société. Le paiement des sommes dues au Contractant sur les bordereaux qui n'auront pas été remis dans les délais fixés sera reporté à l'échéance suivante.

<h3 align="center">Art. 11.</h3>

Par le présent contrat, le Contractant donne plein pouvoir à la Société d'aviser tous les clients du Contractant du mandat qu'elle a reçu de lui.

A cet effet, le Contractant s'engage à fournir à la Société, sur la demande de celle-ci, dans le délai d'une quinzaine à partir du jour de la signature du présent contrat :

1° des circulaires appropriées dûment signées par lui et dans la forme approuvée par la Société ;

Envoi aux acheteurs<br>des factures<br>et documents.

Avis à la clientèle.

2º une liste des anciens clients du Contractant pour les deux années précédant la signature du présent contrat, pour toutes les sortes de combustible minéral, objet du présent contrat, avec indication approximative des quantités livrées chaque année.

La Société devra expédier les circulaires du Contractant et les siennes propres relatives à l'accord conclu entre eux.

La Société, sauf pour les expéditions par voie de mer, ne pourra effectuer de ventes pour le Contractant, sans informer l'acheteur que le combustible livré provient des mines du Contractant.

## Art. 12.

**Renseignements à fournir par le Contractant à la signature du contrat.**

Le Contractant, dans un délai d'un mois après la signature du présent contrat, devra remettre à la Société, sur la demande de celle-ci, une spécification détaillée de toutes ses factures, pour les livraisons effectuées du ....................................................................au............................................................................. ;

Cette spécification sera établie dans la forme qui sera indiquée par la Société et devra faire ressortir le prix moyen de facture de chaque sorte et qualité.

La Société vérifiera la concordance de cette spécification avec les livres du Contractant.

**Envoi régulier de renseignements par le Contractant à la Société.**

Le Contractant s'engage à adresser à la Société, dans les formes et les délais fixés par le Conseil d'administration, tous les renseignements et relevés que celle-ci jugera nécessaire de recevoir du Contractant relativement à son extraction de charbon, à la production des différentes sortes et qualités, à sa fabrication de coke et de briquettes, à leur livraison et à leur consommation.

La Société, de son côté, devra, à la fin de chaque mois, établir l'insuffisance ou l'excès de livraisons du Contractant par rapport au quantum auquel il a droit dans l'ensemble des livraisons faites par tous les Contractants de la Société, et communiquer au Contractant de quelle quantité il a dépassé le quantum qui lui revenait ou de quelle quantité il est resté en deçà.

### Art. 13.

La Société s'engage à appliquer au Contractant, conformément au tableaú qui forme l'Annexe A des présentes :

Quantum général<br>(charbon et coke.)

sur l'ensemble des expéditions de tous les Contractants une proportion qui correspondra à un tonnage conventionnel de⸺⸺⸺pour l'année 1908 sur un tonnage conventionnel global de 431 millions, soit pour le deuxième semestre de 1908 à un tonnage conventionnel de⸺⸺ ⸺sur un tonnage conventionnel global de 215.500.000 pouds, attribués à l'ensemble des Contractants adhérents à ce jour.

Le quantum du Contractant sera défini par le rapport entre le tonnage conventionnel qui lui est attribué et le tonnage global attribué à l'ensemble des Contractants.

Les quantités expédiées en exécution de marchés passés avant le⸺⸺ ⸺⸺(marchés anciens, voir art. 25), ainsi que les petites ventes directes, prévues à l'article premier, rentreront dans son quantum au même titre que les quantités expédiées en exécution de ventes effectuées après le ⸺⸺(marchés nouveaux, voir art. 25).⸺⸺

Il est entendu que pour le calcul des tonnages indiqués plus haut, toute la quantité de coke livré par les Contractants sera transformée en charbon par l'application d'un coefficient d'ores et déjà fixé pour chacun d'eux, et qui, pour le présent contrat, est de ⸺⸺

Ce coefficient pourra être rectifié sur la demande de la Société ou sur celle du Contractant.

En cas de désaccord, la question sera soumise à un arbitrage.

### Art. 14.

La revision des quantums se fera au commencement de chaque exercice dans les conditions suivantes :

Modification<br>du quantum général.<br>initial.

Si, au cours de l'exercice écoulé, les expéditions totales ont dépassé le tonnage conventionnel global de cet exercice, la différence dite « tonnage disponible » viendra en augmentation du tonnage conventionnel global de l'exercice courant et sera répartie comme suit entre les ayants droit :

*a)* Il sera d'abord donné satisfaction aux engagements stipulés à l'annexe B du présent contrat;

3

*b)* une proportion de 70 0/0 du solde sera répartie entre ceux des Contractants qui, dans l'exercice écoulé, auront réalisé des excédents d'expéditions sur leur tonnage conventionnel de cet exercice. Cette répartition se fera proportionnellement à ces excédents d'expéditions.

Les insuffisances de commandes pour lesquelles le Contractant aura obtenu l'indemnité ou les commandes compensatrices prévues à l'article 21 rentreront dans le chiffre des expéditions de l'exercice où le manquant se sera produit.

*c)* Une proportion maxima de 30 0/0 du solde sera attribuée aux Contractants qui, après déclaration préalable à la Société, auront mis en exploitation des puits nouveaux ou d'anciens réinstallés.

Une commission d'expertise appréciera dans quelle mesure ces travaux auront accru la capacité d'extraction au delà de l'augmentation normale; elle proposera le tonnage à attribuer et sa répartition entre les ayants droit, proportionnellement à l'augmentation de capacité d'extraction résultant de ces travaux.

Le Conseil statuera à la majorité des deux tiers de ses membres.

### Art. 15.

**Quantum coke.**

Sur le tonnage conventionnel charbon et coke attribué au Contractant par l'article 13, le tonnage coke se déterminera comme suit :

La Société s'engage à appliquer au Contractant, conformément au tableau qui forme l'annexe C des présentes, sur l'ensemble des expéditions de coke de tous les Contractants, une proportion qui correspondra à un tonnage conventionnel de ............................................................ pour l'année 1908 sur un tonnage conventionnel global de ............................................................ soit, pour le deuxième semestre de 1908, à un tonnage conventionnel de ............................................................ sur un tonnage conventionnel global de ............................ attribués à l'ensemble des Contractants adhérents à ce jour.

### Art. 16.

**Modifications du quantum initial coke.**

Lorsque les expéditions globales de coke seront supérieures aux tonnages conventionnels initiaux augmentés de 5 0/0, le surplus sera réparti entre les Contractants proportionnellement à leur puissance de production inutilisée, c'est-à-dire à l'excédent de leur puissance de production indiquée au tableau qui forme l'annexe C du présent contrat sur leur tonnage conventionnel augmenté de 5 0/0.

Lorsque cette puissance de production totale des fours actuels sera utilisée, il sera constitué, par décision du Conseil, prise à la majorité des deux tiers de ses membres, un tonnage conventionnel supplémentaire correspondant aux besoins du marché. Ce tonnage supplémentaire sera réparti entre les producteurs de coke au prorata de la capacité de production des nouveaux fours construits ou à construire.

Toute augmentation réalisée d'accord avec la Société sera consolidée au Contractant.

ART. 17.

Le combustible minéral que le Contractant s'engage à fournir pour satisfaire aux commandes transmises par la Société sera des qualités définies ci-après. Le Contractant garantit la conformité de ses livraisons à ces diverses qualités.

Sur les qualités spécifiées ci-dessus, le Contractant se déclare en mesure de fournir les proportions suivantes :

La Société s'engage, dans la répartition de ses expéditions, à se conformer dans la mesure du possible à ces proportions.

Ces qualités et leurs proportions pourront être revisées d'un commun accord au début de chaque semestre ou lorsque des raisons spéciales dûment motivées le justifieront.

**Gares d'expédition.**  Les quantités que le Contractant fournira de s    charbonnage   de

seront livrées sur wagon en gare de

ou bien          0/0 en gare de

et          0/0 en gare de

et          0/0 en gare de

et          0/0 en gare de

## Art. 18.

Resteront en dehors du quantum :

1º Le charbon et le coke consommés aux mines du Contractant pour tous les besoins de l'exploitation, des ateliers de réparation et des voies ferrées, ainsi que pour le chauffage des logements ;

2º Le charbon et le coke livrés en vertu de contrats de location, sans rémunération spéciale ou à prix réduit, aux propriétaires des concessions louées par le Contractant ;

3º Le charbon et le coke donnés gratuitement dans un but de bienfaisance ;

4º Le charbon et le coke consommés par les établissements industriels suivants appartenant au Contractant :

5° Le charbon et le coke livrés au charbonnage de

........................................................................................................

........................................................................................................

........................................................................................................

A titre exceptionnel, le Conseil de la Société pourra autoriser le Contractant à vendre en dehors de son quantum, mais aux prix et conditions fixés par la Société :

*a*) Les schlammes ou résidus de lavoirs contenant plus de 20 0/0 de cendres ;

*b*) Les menus passant au crible de 5 millimètres de diamètre provenant de charbons non collants, à longue flamme, contenant plus de 35 0/0 de matières volatiles ;

6° Les petits cokes passant au crible de 25 millimètres de diamètre.

Pour toutes les ventes et livraisons ci-dessus spécifiées, le Contractant s'engage à présenter des spécifications détaillées pour chaque mois, en même temps que les bordereaux de factures.

Art. 19.

Achat ou création par le Contractant d'un établissement industriel.

Au cas où le Contractant viendrait à acquérir ou à louer, au cours du présent contrat, un établissement industriel existant consommant du charbon ou du coke, le combustible qu'il fournira à cet établissement sera imputable à son quantum ; mais la Société n'interviendra ni dans la fixation des prix ni dans la perception des sommes.

Au cas où le Contractant viendrait à créer un établissement industriel nouveau, le combustible qu'il lui fournira ne sera pas imputable à son quantum.

Art. 20.

Adhésion de nouveaux contractants.

Le Contractant accepte que la Société, postérieurement à la mise en vigueur du présent contrat, passe avec d'autres producteurs de charbon et de coke, sur décision de son Conseil d'administration et à la majorité des deux tiers au moins des membres de celui-ci, des contrats ne comportant aucune dérogation aux dispositions générales du présent contrat communes aux autres Contractants d'origine.

Les conditions d'adhésion de nouveaux Contractants seront soumises à l'examen d'une commission désignée à cet effet par le Conseil. Cette commission présentera ses conclusions dans un rapport écrit et le Conseil ne pourra statuer que si ce rapport a été remis au Contractant signataire du présent contrat, à son siège social, trente jours au moins avant la séance dans laquelle la question sera soumise au vote.

Au cas exceptionnel où les conditions d'adhésion proposées comporteraient des dérogations aux dispositions générales du présent contrat et ne seraient pas admises à l'unanimité par le Conseil, la question sera soumise à une Assemblée générale qui statuera à la majorité des trois quarts des suffrages exprimés.

Art. 21.

Les ventes effectuées et les commandes reçues devront être transmises au Contractant, de façon que les quantités de combustible des qualités mentionnées à l'article 17 du présent contrat expédiées par le Contractant soient, dans la mesure du possible, en rapport constant, d'une part, avec le quantum général accordé au Contractant par l'article 13 du présent contrat et, d'autre part, avec le pourcentage établi par l'article 17 sur chaque qualité prise à part.

Au cas où le total des livraisons effectuées par le Contractant pendant trois mois consécutifs demeurerait, par la faute de la Société, au-dessous de ce qu'aurait dû lui donner le quantum qui lui est attribué par l'article 13, le Contractant aura le droit d'exiger de la Société, dans les trois mois suivants, des commandes compensatrices suffisantes pour rétablir le chiffre qui lui était dû. Ces commandes, exécutables dans un délai de trois à six mois au gré du Contractant, seront imputables au quantum de l'exercice où le manquant se sera produit.

La Société, si elle se met d'accord avec le Contractant, pourra, sur décision de son Conseil d'administration, remplacer le supplément de commandes par une indemnité par poud non livré.

Le paiement de cette indemnité devra être effectué un mois au plus tard après l'établissement du compte y relatif.

Si le Contractant ne reçoit pas satisfaction, ou si, pour des motifs valables, il n'accepte pas le supplément de commandes, et s'il n'arrive pas à un accord avec la Société au sujet de l'indemnité en argent, la question de l'indemnité sera soumise à un arbitrage, dans les conditions prévues à l'article 40 du présent contrat.

Si, au contraire, les livraisons faites pendant trois mois consécutifs par le Contractant venaient à dépasser la quantité que lui aurait donnée le quantum qui lui est attribué, la Société sera en droit de lui appliquer dans la répartition des commandes, pendant le trimestre suivant, une réduction suffisante pour ramener le total de ses livraisons pendant les six mois au chiffre que lui donne son quantum.

Si, malgré les instructions de la Société, le Contractant venait à dépasser les ordres d'expédition donnés par la Société, celle-ci serait en droit de réclamer une pénalité par poud à fixer par commission arbitrale, sans que le Contractant soit libéré de l'obligation de ramener ses expéditions dans les limites de son quantum, comme il est dit au paragraphe 6 du présent article.

ART. 22.

Acceptation et exécution des commandes par le Contractant.

Le Contractant fera, aux époques et dans les délais fixés par le Conseil d'administration de la Société, une déclaration d'acceptation de commandes indiquant à l'avance, pour chaque mois de la période fixée par le Conseil, et ne dépassant pas six mois, le tonnage des expéditions qu'il est en mesure d'effectuer dans les limites de son quantum et des proportions par qualités qui lui sont attribuées par l'article 17.

1° Si les déclarations d'acceptation de commandes faites par le Contractant à la Société montrent qu'il est dans l'impossibilité d'exécuter une partie des commandes auxquelles lui donne droit son quantum ;

2° Si le Contractant, en dehors des cas de force majeure et sans motifs valables, n'effectue pas les commandes transmises par la Société conformément à ses déclarations d'acceptation de commandes ;

ces commandes seront réparties sur l'ensemble des autres contractants en augmentation des quantités qu'ils ont à recevoir conformément à leur quantum. Les quantités non acceptées ou non livrées seront imputées au quantum du Contractant.

Dans le cas où les déclarations du Contractant auront été manifestement exagérées par rapport aux productions réalisées, et auront de ce chef causé un préjudice à l'ensemble des Contractants, la Société sera en droit de lui réclamer une pénalité par poud déclaré en trop. Une commission arbitrale appréciera s'il y a lieu d'appliquer cette pénalité et en fixera le montant qui ne pourra excéder un copeck par poud.

Sont reconnus dès maintenant comme motifs valables :

1° L'insuffisauce des moyens de transport, provenant, soit du manque de matériel roulant, soit de la fermeture momentanée de certaines lignes, soit des conditions climatériques, soit de toutes autres causes indépendantes de la volonté du Contractant.

2° L'impossibilité de camionner le combustible aux gares d'expédition par suite de l'état des routes ;

3° Les grèves.

Dans le cas de réduction des livraisons pour motifs valables, le droit à la compensation prévue à l'article 21 subsistera pour le Contractant jusqu'à l'expiration du présent contrat.

## Art. 23.

Dans les cas de force majeure, autres que les motifs valables, dont il est question à l'article précédent, les quantités que le Contractant n'aurait pu accepter ou fournir par suite des perturbations apportées à son activité par ces cas de force majeure, lui seront compensées ultérieurement.

Toutefois, l'influence de ces cas de force majeure ne sera admise dans chaque cas que pour une durée n'excédant pas trois mois, c'est-à-dire que, si pour une cause de force majeure, le Contractant est obligé de suspendre ou de réduire ses livraisons par rapport à son quantum pendant plus de trois mois, la Société n'aura à lui compenser que son manque de livraisons pour les trois derniers mois.

Les commandes supplémentaires que donnera la Société au Contractant, en vue de compenser son manque de livraisons pour cause de force majeure, devront être exécutées par lui dans les douze mois qui suivront l'apparition constatée du cas de force majeure. Les commandes supplémentaires que le Contractant n'aura pu exécuter dans les douze mois seront annulées.

*Non-exécution de commandes par le Contractant pour cause de force majeure.*

## Art. 24.

Le Contractant, sauf ce qui a été dit à l'article 6, s'engage, pour le cas où il aurait à acheter du charbon ou de l'anthracite pour les besoins de sa fabrication de coke ou de briquettes ou pour tous autres besoins de la consommation intérieure de ses charbonnages, à n'acheter les quantités néces-

*Achats de combustibles effectués par le Contractant pour les besoins de ses exploitations.*

saires que par l'intermédiaire ou sur autorisation de la Société, sauf s'il l'achète au charbonnage de ⸺⸺⸺⸺⸺⸺⸺⸺⸺⸺⸺⸺⸺⸺⸺⸺

⸺⸺⸺⸺⸺⸺⸺⸺⸺⸺⸺⸺⸺⸺⸺⸺⸺⸺⸺⸺⸺⸺⸺

⸺⸺⸺⸺⸺⸺⸺⸺⸺⸺⸺⸺⸺⸺⸺⸺⸺⸺⸺⸺⸺⸺⸺

groupé avec celui du Contractant pour l'établissement du quantum.

Si ce combustible est fourni par un autre Contractant, sauf le charbonnage de ⸺⸺⸺⸺⸺⸺⸺⸺⸺⸺⸺⸺⸺⸺⸺⸺⸺⸺⸺⸺⸺

⸺⸺⸺⸺⸺⸺⸺⸺⸺⸺⸺⸺⸺⸺⸺⸺⸺⸺⸺⸺⸺⸺⸺

⸺⸺⸺⸺⸺⸺⸺⸺⸺⸺⸺⸺⸺⸺⸺⸺⸺⸺⸺⸺⸺⸺⸺

le tonnage livré rentrera dans le quantum du vendeur. Les expéditions auxquelles le Contractant acheteur a droit conformément à son quantum seront augmentées d'un chiffre égal.

La participation au compte différé des quantités vendues à un Contractant par un autre Contractant (art. 25) sera attribuée au vendeur et non à l'acheteur.

Dans le cas où ce combustible serait fourni par une Société non contractante, les chiffres des expéditions auxquelles le contractant acheteur a droit, conformément à son quantum, ne seront pas augmentés du tonnage acheté.

Art. 25.

Marchés anciens.

Les ventes de combustible minéral conclues par le Contractant jusqu'au ⸺⸺⸺⸺⸺⸺⸺⸺⸺⸺⸺⸺⸺⸺⸺⸺⸺⸺⸺sont réputées marchés anciens et seront exécutées par le Contractant à ses risques et périls.

Marchés nouveaux.

Les ventes faites par l'intermédiaire de la Société, ainsi que celles faites par le Contractant après le⸺⸺⸺⸺⸺⸺⸺⸺⸺⸺⸺⸺⸺⸺ seront réputées marchés nouveaux.

Prix de base.

Les livraisons effectuées en exécution de ces marchés ainsi que les livraisons sur petites ventes prévues à l'article premier seront portées au crédit du Contractant à des prix conventionnels, dits *prix de base*, établis ainsi qu'il sera dit ci-après article 26.

Comptes différés.

L'excédent ou éventuellement l'insuffisance provenant de l'écart entre le prix de vente effectif et le prix de base attribué au Contractant sera porté, selon qu'il s'agira d'une vente de charbon ou d'une vente de coke, à l'un ou l'autre de deux comptes dits différés, dont l'un exclusivement affecté aux ventes de charbon sera ultérieurement réparti entre les expéditeurs de charbon et l'autre affecté exclusivement aux ventes de coke sera ultérieurement réparti entre les expéditeurs de coke.

La répartition du compte différé Charbon sera faite au prorata des expéditions de charbon effectuées sur marchés nouveaux. — *Répartition du compte différé Charbon.*

La répartition du compte différé Coke sera faite au prorata des expéditions de coke effectuées sur marchés nouveaux. — *Répartition du compte différé Coke.*

Les livraisons effectuées en exécution de marchés anciens (paragraphe 1 du présent article) ou conformément aux articles 18 et 19 n'auront droit à aucune répartition des comptes différés « Charbon » et « Coke ». — *Livraisons ne participant pas au compte différé.*

## Art. 26.

Les prix de base appliqués au Contractant, conformément à l'article 25, sont indiqués dans l'annexe D au présent contrat. Cette annexe fixe en même temps les prix de base appliqués à tous les autres Contractants. — *Établissement et revision des prix de base.*

Ces prix de base ont été établis en tenant compte :

1º De celui des trois rayons auquel se rattache chacun des charbonnages appartenant au Contractant;

2º Des natures et qualités des combustibles ;

3º Des différences de prix qui peuvent se justifier par des raisons commerciales basées sur l'expérience des années précédentes.

Chaque année une commission, nommée pour l'année par le Conseil d'administration de la Société, à la majorité des deux tiers de ses membres, et composée de trois d'entre eux, représentant chacun un des trois rayons du bassin du Donetz, revisera, s'il y a lieu, la classification générale des charbons et cokes par sortes et qualités donnant lieu à un prix de base distinct et les prix de base correspondants.

Elle s'inspirera dans cette revision des principes formulés ci-dessus.

En outre, elle devra s'efforcer de maintenir un versement au compte différé égal pour chacune des sortes ou qualités.

Si ultérieurement les Contractants produisaient des sortes ou qualités de charbon ou de coke qu'ils ne produisaient pas auparavant, les prix de base du rayon correspondant leur seront automatiquement appliqués, sauf décision contraire motivée.

Des prix de base spéciaux pourront ultérieurement être établis, en suivant les mêmes règles de procédure, en cas de fabrication de briquettes par le Contractant.

Si le Contractant venait à fournir un combustible d'une qualité notoirement inférieure à la qualité moyenne de la catégorie dans laquelle ce combustible est rangé, la commission pourra classer ledit combustible dans une catégorie spéciale avec prix de base inférieur.

Les prix de base revisés par la commission seront soumis à l'approbation du Conseil qui statucra à la majorité des deux tiers de ses membres.

Au cas où le Contractant n'accepterait pas la décision du Conseil, la question sera soumise à un arbitrage.

## Art. 27.

**Paiements relatifs aux ventes faites par l'intermédiaire de la Société.**

Les paiements relatifs aux livraisons faites par le Contractant, en exécution de marchés nouveaux, seront effectués de la façon suivante, conformément à ce qui a été dit à l'article 25.

Pour chaque livraison de charbon ou de coke faite par le Contractant en exécution de marchés nouveaux, la Société créditera ledit Contractant, au reçu de sa facture d'une somme égale à la quantité expédiée multipliée par le prix de base correspondant à la qualité facturée. L'écart entre cette somme et le montant net de la facture sera porté, selon qu'il appartiendra, au compte différé Charbon ou au compte différé Coke.

Les sommes dont le Contractant aura été ainsi crédité lui seront versées par la Société, quels que soient les termes de paiement stipulés avec les acheteurs, dans un délai qui sera fixé par le Conseil d'administration, qui sera le même pour tous les Contractants et ne pourra excéder quatre mois de date fin du mois de livraison, à moins de circonstances exceptionnelles entraînant un retard général des paiements par la clientèle.

**Paiements relatifs aux anciens marchés.**

Pour les livraisons de charbon ou de coke faites par le Contractant en exécution de marchés anciens, ledit Contractant en encaissera lui-même le montant, sauf accord spécial avec la Société.

Le décompte des comptes différés se fera deux fois par an, au 30 juin et au 31 décembre, de la manière suivante :

*Répartition des comptes différés.*

#### 1° *Compte différé Charbon.*

La part à répartir par poud s'obtiendra en divisant le solde créditeur du compte Charbon par l'ensemble des livraisons de charbon effectuées pendant le semestre par tous les Contractants en exécution de marchés nouveaux.

Le Contractant sera crédité d'une somme égale à la quantité expédiée par lui pendant le semestre sur marchés nouveaux, multipliée par un chiffre égal à la part par poud calculée ainsi qu'il vient d'être dit.

#### 2° *Compte différé Coke.*

Pour la répartition du compte différé Coke entre les expéditeurs de coke, on procédera de la même façon que pour la répartition du compte différé charbon.

*Paiement des comptes différés.*

Sur les sommes disponibles des comptes différés, il sera effectué au Contractant dans une proportion fixée par le Conseil, et qui sera la même pour tous les Contractants, des versements mensuels à valoir sur le règlement définitif semestriel, qui s'effectuera aux époques fixées par le Conseil.

*Remarque.* — Il est entendu que les règlements mensuels des comptes différés auront lieu, suivant une répartition provisoire, proportionnellement aux sommes à recevoir par chaque Contractant.

### ART. 28.

*Recouvrements effectués par la Société.*

La Société soignera le recouvrement de toutes les factures afférentes aux livraisons faites par le Contractant en exécution de marchés nouveaux, sauf l'exception prévue à l'article 5 et les petites ventes prévues à l'article 1er. Ces paiements seront effectués directement par le client à la Société.

### ART. 29.

*Rabais, pénalités, refus de paiement.*

Tous rabais ou pénalités provenant de qualités défectueuses, de retards dans les livraisons ou de toutes autres causes incombant à la faute du Contractant, seront entièrement à la charge de celui-ci.

Le montant des rabais et pénalités n'excédant pas 30 0/0 de la valeur du combustible facturé sera retenu au Contractant lors du règlement du prix de base des expéditions correspondantes ou lors du plus prochain règlement, si ces rabais ou pénalités sont infligées après cette échéance.

En cas de refus de paiement portant sur une somme supérieure à 30 0/0 de la valeur du combustible, la Société retiendra au Contractant un tiers sur la somme en litige lors du règlement du prix de base des expéditions correspondantes ou lors du plus prochain règlement, si ce refus de paiement se produit après cette échéance.

Si le litige se prolonge, elle récupérera le solde des deux tiers par fractions égales aux quatre échéances mensuelles suivantes.

Dès que le litige sera réglé, la Société versera au Contractant, lors du plus prochain règlement qui suivra, le solde reçu en moins ou lui retiendra le solde reçu en trop par lui.

Art. 30.

**Rémunération de la Société. Commission de vente.**

En rémunération des peines et dépenses de la Société pour la vente des produits du Contractant, et pour lui permettre de faire face tant à ses frais commerciaux qu'à toute charge afférente aux opérations que le Conseil d'administration de la Société jugera utiles, le Contractant paiera à la Société une commission qui sera fixée par le Conseil de la Société par délibération prise à la majorité des deux tiers des membres.

Cette commission ne pourra dépasser 3 0/0 des sommes que le Contractant aura encaissées pour ses livraisons sur marchés nouveaux. Toutefois, si le bilan de la Société se trouvait en perte, la commission de 3 0/0 serait majorée l'année suivante, d'une quotité suffisante pour solder la perte en la calculant sur un tonnage égal à celui expédié pendant l'année précédente.

La Société prélèvera une commission de 1/2 0/0 sur toutes les sommes encaissées par le Contractant pour ses livraisons sur anciens marchés et pour ses livraisons de briquettes vendues directement par lui, conformément à l'article 5.

Dès que les briquettes seront vendues par l'intermédiaire de la Société, conformément à l'article 5, la Société prélèvera sur les ventes de ce combustible une commission égale aux deux tiers de la commission appliquée aux autres combustibles (charbon et coke) vendus par la Société ; cette proportion des deux tiers pourra être modifiée par le Conseil sur la demande du Contractant.

Toutes les commissions prévues ci-dessus seront retenues au fur et à mesure des versements faits au Contractant par la Société.


### Art. 31.

La Société prend à sa charge le ducroire pour toutes les livraisons effectuées par le Contractant sur marchés nouveaux, tant avant qu'après la signature du présent contrat.

Fonds de ducroire.

Elle ne sera pas ducroire pour les ventes faites directement par le Contractant, conformément aux articles 1, 5 et 18.

Indépendamment des commissions indiquées à l'article 30, le Contractant effectuera à la Société un versement spécial qui sera fixé par le Conseil de la Société, mais qui ne pourra dépasser 1 0/0 des sommes que le Contractant aura encaissées sur livraisons donnant lieu à la garantie de ducroire.

La Société affectera exclusivement ce dernier versement à la constitution d'un fonds spécial de garantie sur lequel elle se couvrira de tous les frais qu'elle supportera du fait de la garantie de ducroire donnée au Contractant ainsi que de la garantie. donnée à tous les autres Contractants, en vertu de contrats analogues. Toutes les fois que le Conseil de la Société jugera que ce fonds atteint un chiffre suffisant pour le but poursuivi, la Société procédera à la répartition des excédents, en restituant au Contractant une part proportionnelle aux versements effectués par lui par rapport à l'ensemble des versements de tous les Contractants pendant la même période de temps.

Ledit fonds, appartenant au Contractant pour sa part, et non à la Société, devra être restitué au Contractant à l'expiration du contrat.

Au cas où, pour une raison quelconque non prévue au contrat, le Contractant mettrait fin avant le⸺⸺⸺à ses relations avec la Société, il perdra tout droit à la répartition du fonds spécial de garantie prévu au présent article et ne pourra prétendre en aucun cas à une attribution dans le partage de ce fonds.

Les sommes à verser au fonds de ducroire de la Société, seront retenues au fur et à mesure des versements faits au Contractant par la Société.

## Art. 32.



Les frais du timbre proportionnel pour les traités et contrats que la Société aura passés, les frais de notaire et l'impôt du timbre fixe sur factures seront à la charge de la Société. Les frais de justice faits pour le Contractant lorsque le procès aura été occasionné par la faute de celui-ci, les frais de dépêches envoyées dans le but d'accélérer l'exécution des commandes en retard seront portés au compte du Contractant.

## Art. 33.



La Société prend à sa charge les cautionnements à déposer à la clientèle qui en exige (Voir l'annexe E au présent contrat.)

## Art. 34.



En vue du contrôle de ses opérations avec le Contractant, la Société aura toujours le droit, lorsqu'elle le jugera nécessaire, de vérifier les écritures de celui-ci, sauf celles qui concernent le prix de revient.

## Art. 35.



En cas de violation de l'article 1er, le Contractant sera redevable envers la Société d'une indemnité de dix kopecks par poud vendu par lui sans l'intermédiaire de la Société.

Pour toute autre infraction que le Contractant commettrait vis-à-vis de la Société, il sera passible d'une amende, en plus du remboursement des dommages causés, de cinq mille roubles. Le paiement de ces amendes et indemnités n'infirmera en rien le présent contrat qui conservera toute sa vigueur.

## Art. 36.



En garantie du paiement régulier des pénalités et indemnités prévues au présent Contrat, le Contractant versera à la caisse de la Société, au moment de la signature de ce contrat, s'il ne l'a déjà fait, un cautionnement en espèces, fonds d'États ou lettres de change, de deux mille à cinq mille roubles chacune tirées sur lui-même et payables à six semaines de vue.

Le montant de ce cautionnement sera de deux mille roubles par million de pouds ou fraction de million du tonnage annuel attribué au Contractant par l'article 13, sans que ce cautionnement puisse être inférieur à dix mille roubles, ni supérieur à cent mille roubles.

La Société aura le droit de récupérer le montant des amendes et pénalités qui lui seront dues par le Contractant, soit en réalisant le cautionnement du Contractant, soit en retenant le montant de ces amendes et pénalités sur les versements à effectuer au Contractant.

Le Contractant ayant été avisé par la Société du prélèvement qui aura été fait sur son cautionnement sera tenu de le compléter dans le délai d'un mois du jour de l'avis qui lui en aura été donné, sinon la Société le complètera en effectuant des retenues sur les plus prochains versements. En outre, le Contractant encourra une pénalité de cinq mille roubles au profit de la Société.

Si le Contractant fournit le cautionnement en traites tirées sur lui-même, il en effectuera le renouvellement pendant toute la durée du présent contrat, deux mois avant le terme légal. En cas de non-renouvellement dans le délai fixé, ces traites seront envoyées à présentation et protestées en cas de non-paiement. En outre, le Contractant encourra une amende de cinq mille roubles au profit de la Société.

## Art. 37.

Le présent contrat entrera en vigueur le ................................................190.... et prendra fin le 31 décembre 1918.

*Durée du contrat.*

Les parties Contractantes s'engagent à observer le présent contrat strictement et scrupuleusement.

*Cas de résiliation*

La Société pourra, en tout temps, par décision de son Assemblée générale prise à la majorité des trois quarts des voix, résilier le présent contrat, à condition de résilier en même temps les contrats de tous ses autres Contractants. Elle doit en aviser le Contractant six mois à l'avance.

De son côté, le Contractant pourra résilier le présent contrat sans avoir à payer au profit de la Société la pénalité de 10 copecks par poud vendu prévue à l'article 35 : 1° en cas de mise en administration ou en faillite de la Société; 2° au cas où la Société cesserait ses opérations en vertu de l'article 71 des statuts approuvés par Sa Majesté.

## Art. 38.



Jusqu'en fin normale du contrat, c'est-à-dire jusqu'au 31 décembre 1918, la Société continue régulièrement ses opérations jusqu'au dernier jour, passe des contrats exécutoires même pour la période postérieure au 31 décembre 1918, mais n'excédant pas deux années, et les répartit entre ses contractants.

Par suite, aucun Contractant n'a, avant le 1er janvier 1919, le droit de conclure de nouveaux contrats pouvant faire concurrence à la Société, même pour une période postérieure au 31 décembre 1918.

Au contraire, en fin de contrat résultant de résiliation comme prévu à l'article précédent, le Contractant reprend le droit de faire des marchés directs dès la notification de cette résiliation.



En fin de contrat, de quelque façon qu'elle se produise, le Contractant conservera les marchés qui lui auront été attribués antérieurement, et les exécutera à ses risques et périls.

Ces marchés devront sur l'ensemble des contrats représenter le quantum attribué au contractant.

La Société, sur les livraisons faites postérieurement à la date de fin de contrat, ne recevra aucune commission, n'interviendra plus dans l'encaissement des factures, en un mot elle cessera entièrement ses fonctions d'intermédiaire.



En fin de contrat, la Société règle tous ses comptes avec le Contractant, puis lui restitue les sommes et cautionnements lui restant dus. Elle rend au contractant les procurations qu'il lui avait remises, tant pour elle que pour ses mandataires.

## Art. 39.



Le présent contrat restera en vigueur pour les deux parties alors même que l'entreprise du Contractant serait mise en administration ou qu'elle passerait en d'autres mains.

### Art. 40.

Toutes les contestations nées du présent contrat entre le Contractant et la Société et non réglées par un accord amiable seront soumises à un tribunal d'arbitrage. Ce tribunal sera composé d'autant de membres que le prévoient les articles 1367 et suivants du Code de procédure civile. Le choix des arbitres à désigner par la Société sera fait par le Conseil d'administration. Les arbitres une fois choisis, le Contractant devra, sur convocation de la Société, se présenter dans un délai de deux semaines pour signer le procès-verbal d'acceptation d'arbitrage chez le notaire désigné par la Société. S'il se refuse à signer ce procès-verbal, ou s'il ne se présente pas, il encourra une amende de 5.000 roubles au profit de la Société.

**Solution des contestations.**

### Art. 41.

Le montant de l'indemnité que, par application de l'article 30 du présent contrat, le Contractant devra payer chaque année à la Société ne pouvant être évalué à ce jour, le présent acte, conformément au paragraphe 2 de l'article 13 de la loi sur le timbre a été transcrit sur papier simple dont chaque feuille a été munie de timbres de la valeur de 1 rouble, 25. Quant au montant annuel du droit de timbre, proportionnel sur cette indemnité tel qu'il ressortira de l'application du paragraphe 1er de l'article 51 de la loi sur le timbre, il sera versé par le Contractant à la trésorerie du Gouvernement de......................................après que le compte de l'indemnité aura été apuré, dans le délai fixé par le paragraphe 3 de l'article 38 de la loi sur le timbre.

**Impôt du timbre.**

### Art. 42.

La Société fait élection de domicile à Kharkov.
Le Contractant fait élection de domicile à..................................................

**Élection de domicile.**

### Art. 43.

L'original du présent contrat sera conservé par la Société et la copie notariée par le Contractant.

**Original et copie du contrat**

# ANNEXES

**ANNEXE A** (Article 13).

## QUANTUMS GÉNÉRAUX CHARBON ET COKE

Tonnages conventionnels et quantums initiaux

| CONTRACTANTS | TONNAGES CONVENTIONNELS INITIAUX — En milliers de pouds | QUANTUMS INITIAUX 0/0 |
|---|---|---|
| Routchenko . . . . . . . . Goloubovka. . . . . . . . . | 83.464 | 19,37 |
| Ekaterinovka. . . . . . . . . | 58.506 | 13,57 |
| Sels gemmes . . . . . . . . Nikitovka . . . . . . . . . | 50.652 | 11,75 |
| Gorlovka. . . . . . . . . | 50.827 | 11,79 |
| Russo-Donetz. . . . . . . . Markov. . . . . . . . . . | 55.650 | 12,91 |
| Irmino. . . . . . . . . . | 15.288 | 3,55 |
| Krivoï-Rog. . . . . . . . | 17.513 | 4,06 |
| Franco-Russe. . . . . . . | 23.000 | 5,33 |
| Korenev et Chipilov . . . . . | 12.516 | 2,91 |
| Russo-Belge . . . . . . . | 18.312 | 4,25 |
| Briansk . . . . . . . . . | 24.692 | 5,73 |
| Gossoudarev-Bairak . . . . . | 13.944 | 3,24 |
| Olkhovaïa . . . . . . . . | 4.914 | 1,14 |
| Pastoukhov. . . . . . . . | 1.722 | 0,40 |
| — | — | — |
| — | — | — |
| — | — | — |
| | 431.000 | 100 » |

**ANNEXE B** (Article 14).

## QUANTUMS GÉNÉRAUX CHARBON ET COKE

### Augmentations pour puits nouveaux

En raison de l'effort financier considérable fait au cours de ces dernières années par certaines Sociétés pour l'installation de puits nouveaux, et eu égard à l'impossibilité pour elles d'obtenir le tonnage nécessaire à leur mise en marche au moyen des augmentations normales prévues aux alinéas *b)* et *c)* de l'article 14, le Contractant accepte que ces Sociétés reçoivent les tonnages supplémentaires indiqués au tableau ci-après :

### Tableau d'augmentations pour puits nouveaux.

*(En milliers de pouds.)*

| | AUGMENTATIONS CUMULATIVES | | | | |
|---|---|---|---|---|---|
| | En 1909 | En 1910 | En 1911 | En 1912 | TOTALES |
| Franco-Russe . . . . . . . . . . | — | — | 4.000 | 4.000 | 8.000 |
| Irmino . . . . . . . . . . . . . | 2.000 | 5.000 | — | — | 7.000 |
| Briansk . . . . . . . . . . . . . | — | — | 8.000 | — | 8.000 |
| Bairak . . . . . . . . . . . . . | — | 4.000 | 4.000 | — | 8.000 |
| Goloubovka . . . . . . . . . . | 2.000 | 3.000 | 3.000 | — | 8.000 |
| Totaux. . . . | 4.000 | 12.000 | 19.000 | 4.000 | 39.000 |

La moitié de ces augmentations de tonnage (sauf en ce qui concerne la Société de Goloubovka) s'ajoutera chaque année aux tonnages conventionnels des ayants droit et ce, que les expéditions totales de l'exercice écoulé aient ou non dépassé le tonnage conventionnel global.

La deuxième moitié de ces augmentations, et pour la Société de Goloubovka l'intégralité, seront prélevées sur le tonnage disponible défini à l'alinéa 2 de l'article 14 avant toute répartition prévue aux alinéas *b)* et *c)* de l'article 14. En conséquence le tonnage conventionnel global de 1909 sera nécessairement augmenté de 1 million, celui de 1910 de 4.500.000, celui de 1911 de 8 millions et celui de 1912 de 2 millions.

D'autre part, avant toute autre affectation du tonnage disponible dont il est parlé à l'alinéa 2 de l'article 14, les Sociétés indiquées dans le tableau ci-dessus recevront en 1909 3 millions de pouds, en 1910 7 millions et demi, en 1911 11 millions, en 1912 2 millions.

Si le tonnage disponible est insuffisant pour leur donner complète satisfaction, chacune de ces Sociétés recevra une part proportionnelle au tonnage supplémentaire qui lui est attribué dans le tableau ci-dessus.

**ANNEXE C** (Article 15).

## QUANTUMS COKE

| CONTRACTANTS | TONNAGES CONVENTIONNELS INITIAUX — En pouds | QUANTUMS 0/0 | PUISSANCE DE PRODUCTION — En pouds |
|---|---|---|---|
| Routchenko <br> Goloubovka | 9.175.000 | 11,28 | 9.175.000 |
| Ekaterinovka | 19.409.348 | 23,87 | 24.500.000 |
| Sels gemmes. <br> Nikitovka | 3.433.980 | 4,22 | 3.500.000 |
| Gorlovka | 11.000.000 | 13,53 | 13.000.000 |
| Russo-Donetz <br> Markov | 7.289.851 | 8,96 | 11.000.000 |
| Irmino | 1.437.798 | 1,76 | 2.000.000 |
| Krivoï-Rog | 2.242.300 | 2,75 | 4.000.000 |
| Franco-Russe | 9.000.000 | 11,07 | 10.800.000 |
| Russo-Belge | 2.755.490 | 3,38 | 2.755.000 |
| Briansk | 8.182.378 | 10,06 | 8.200.000 |
| Gossoudarev-Bairak | 6.014.600 | 7,40 | 6.100.000 |
| Pastoukhov | 1.412.000 | 1,72 | 1.500.000 |
| — | — | — | — |
| — | — | — | — |
| — | — | — | — |
| — | — | — | — |
| — | — | — | — |
| | 81.352.745 | 100  » | 96.530.000 |

# TABLEAU GÉNÉRAL
en copeks



# DES PRIX DE BASE
par poud



| RAYONS | FIRMES CONTRACTANTES | TOUT-VENANTS n° 1 | TOUT-VENANTS n° 2 | CHARBONS de COUCHES spéciales | CHAR >05 %/- | CHAR >35 %/- | CHAR >12 %/- | CRI >8 %/- |
|---|---|---|---|---|---|---|---|---|
| Ouest | Routchenkovo — Puits 29 | 7.23 | 8.10 | 8.60 | .. | — | — | — |
| | Routchenkovo — Autres puits | | | — | — | — | — | — |
| | Tchoulkovo | | | — | — | — | — | — |
| | Bérestovo | | | — | 8.85 | 8.85 | — | — |
| | Russo-Donetz | | | — | 8.85 | 8.85 | — | — |
| | Markov | | | — | .. | — | — | — |
| | Franco-Russe | | | — | 8.85 | — | — | — |
| | Ekatérinovka — Ekatérinovka | | | — | 8.85 | 8.85 | — | — |
| | Ekatérinovka — Livensky | | | — | 8.85 | 8.85 | — | — |
| | Ekatérinovka — Smollaninov | | | 8.60 | — | 9 » | — | — |
| | Sels Gemmes | | | — | 8.75 | — | — | — |
| Centre | Nikitovka — Nord | 7.10 | 8 » | — | — | — | — | — |
| | Nikitovka — Sud | | | — | 8.75 | 8.75 | 8.25 | — |
| | Gorlovka — Puits 1 et 5 | | | — | 8.75 | — | 8.25 | — |
| | Gorlovka — Puits 8 | | | — | — | — | — | — |
| | Russo-Belge | | | — | 8.75 | 8.75 | — | — |
| | Gossoudariev-Baïrak | | | — | — | — | 8.25 | — |
| | Goloubovka | | | — | — | 8.75 | — | — |
| | Irmino | | | — | — | — | — | — |
| Est | Krivoï-Rog | 7.05 | 7.75 | — | — | — | — | — |
| | Korenev et Chipilov | | | — | 8.75 | — | — | 7.05 |
| | Briansk | | | — | 8.75 | — | — | — |
| | Olkhovaïa | | | — | — | — | — | — |

| FIRMES CONTRACTANTES | BLÉS GROSSIERS A FLAMME COLLANT 12/35 %/- | BLÉS 8/35 %/- | LAVÉS 15/35 %/- 15/50 %/- | LAVÉS 8/50 %/- | LAVÉS 8/60 %/- | LAVÉS GRÉSU 3/8 %/- | LAVÉS GRAINS de forge | MENUS à COKE | MENUS à CHAUDIÈRES | POUSSIERS charbons à flamme 0/8 %/- | GROS COKES répondant à l'essai au tambour(*) | GROS COKES ne répondant pas à l'essai au tambour | SECOND CHOIX | PETIT COKE |
|---|---|---|---|---|---|---|---|---|---|---|---|---|---|---|
| Routchenkovo — Puits 29 | — | — | — | — | — | — | — | — | — | — | — | — | | |
| Routchenkovo — Autres puits | — | — | — | .. | — | — | — | — | — | — | — | 12.55 | | |
| Tchoulkovo | — | — | — | — | — | — | — | — | — | — | — | — | | |
| Bérestovo | — | — | 8.85 | — | — | — | 9.25 | — | — | — | (+) | 12.55 | | |
| Russo-Donetz | — | — | 8.85 | 8.75 | — | — | 9.25 | 7 » | — | (•) | 13.05 | — | | |
| Markov | — | — | — | — | — | — | — | — | — | — | — | — | | |
| Franco-Russe | — | — | — | — | — | — | — | 7 » | — | — | 13.05 | — | | |
| Ekatérinovka — Ekatérinovka | — | — | 8.85 | 8.75 | — | — | 9.25 | 7 » | — | — | 13.05 | — | | |
| Ekatérinovka — Livensky | — | — | — | — | — | — | — | — | — | — | — | — | | |
| Ekatérinovka — Smollaninov | — | — | — | — | — | — | — | — | — | — | — | — | | |
| Sels Gemmes | — | — | — | 8.70 | 8.60 | 7.50 | 9.25 | — | — | — | — | 12.50 | | |
| Nikitovka — Nord | — | — | — | — | — | — | — | — | — | — | — | — | 10 » | 7 » |
| Nikitovka — Sud | — | — | — | — | — | — | — | 6.80 | — | — | — | — | | |
| Gorlovka — Puits 1 et 5 | — | 8 » | — | — | — | — | — | — | — | — | 12.90 | 12.50 | | |
| Gorlovka — Puits 8 | — | — | — | — | — | — | — | 6.80 | — | — | 12.90 | — | | |
| Russo-Belge | — | — | 8.75 | — | — | — | 9.25 | 6.80 | — | — | 12.90 | — | | |
| Gossoudariev-Baïrak | — | 8 » | — | — | — | — | — | — | — | 5 » | — | — | | |
| Goloubovka | 7.65 | — | — | — | — | — | — | — | — | — | — | 12.50 | | |
| Irmino | — | — | — | — | 8.30 | — | 9.25 | — | — | — | 12.75 | — | | |
| Krivoï-Rog | — | 7.90 | 8.75 | 8.60 | — | — | 9.25 | 6.80 | — | 5 » | — | — | | |
| Korenev et Chipilov | — | — | — | — | — | — | — | — | — | — | 12.75 | — | | |
| Briansk | — | — | 8.75 | — | 8.50 | — | 9.25 | — | — | — | — | — | | |
| Olkhovaïa | — | — | — | — | — | — | — | — | — | — | — | — | | |

## OBSERVATIONS

(1) (•) Étant donné l'impossibilité de fixer actuellement un prix de base pour les charbons 3 %/- collants, lavés et non lavés, il est entendu que ce prix de base sera fixé ultérieurement, en tenant compte des prix de vente réalisés et du versement à faire au compte différé par le tout-venant n° 1.

(2) (*) Pour les gros cokes répondant à l'essai au tambour, il sera bonifié une prime de 0 copek 15 par poud lorsqu'il y aura condition d'essai au tambour imposée, avec pénalité.

(3) (+) Coke Russo-Donetz. — Ce prix de base n'est pas applicable au coke fourni par la Russo-Donetz à l'usine de Makéevka. Pour ces fournitures, le prix de base sera majoré :

1° D'un demi-copek, représentant le prix de transport payé par l'usine de Makéevka à cette Société;

2° De la moitié du tarif entre Iassinovaïa et Krinitchnaïa, qui est la station la plus proche par laquelle l'usine de Makéevka peut s'approvisionner de coke.

**ANNEXE E** (Article 33).

## CAUTIONNEMENTS A LA CLIENTÈLE

Il est entendu que tant que le capital de la Société n'aura pas été augmenté dans une proportion jugée suffisante par le Conseil d'administration à la majorité des deux tiers de ses membres, les Contractants seront tenus de fournir à la Société, proportionnellement à leur quantum, les cautionnements à verser aux clients.

IMPRIMERIE CHAIX, RUE BERGÈRE, 20, PARIS. — 17071-7-08. — (Encre Lorilleux).